For perplexed parents everywhere - C.C.

First published in 2000 by Macmillan Children's Books, London
First dual language publication 2002 by Mantra Lingua
This edition published 2004
All rights reserved

Mantra Lingua
5 Alexandra Grove, London N12 8NU
www.mantralingua.com

Qu'Est-Ce Qu'On Va Faire Avec Le Bébé Ouin Ouin?

What Shall We Do With The BOO HOO BABY?

by Cressida Cowell

Illustrated by Ingrid Godon

French translation by Martine Michaelides

Mantra Lingua

Le bébé dit,

The baby said,

"Ouin! Ouin! Ouin!"

"Boo-hoo-hoo!"

"Coin-coin?"
dit le canard.

"Quack?"
said the duck.

Qu'est-ce qu'on va faire avec
le bébé ouin ouin?

What shall we do with
the boo-hoo baby?

"Le nourrir," dit le chien.

"Feed him," said the dog.

Donc, ils ont nourri le bébé.

So they fed the baby.

"Miaou!"
dit le chat.

"Miaow!"
said the cat.

"Ouah ouah!"
dit le chien.

"Bow-wow!"
said the dog.

"Coin-coin!"
dit le canard.

"Quack!"
said the duck.

"Meuh!"
dit la vache,

"Moo!"
said the cow,

et…

and...

"Ouin! Ouin! Ouin!"
dit le bébé.

"Boo-hoo-hoo!"
said the baby.

Qu'est-ce qu'on va faire avec
le bébé ouin ouin?
"Lui donner un bain,"
dit le chat.

What shall we do with
the boo-hoo baby?
"Bath him,"
said the cat.

Donc, ils ont donné un bain au bébé.

So they bathed the baby.

"Coin-coin!"
dit le canard.

"Ouah ouah!"
dit le chien.

"Quack!"
said the duck.

"Bow-wow!"
said the dog.

"Miaou!"
dit le chat.

"Miaow!"
said the cat.

"Ouin! Ouin! Ouin!"
dit le bébé.

"Boo-hoo-hoo!"
said the baby.

Qu'est-ce qu'on va faire avec
le bébé ouin ouin?
"Jouer avec lui,"
dit la vache.

What shall we do with
the boo-hoo baby?
"Play with him,"
said the cow.

Donc, ils ont joué avec le bébé.

So they played with the baby.

"Coin-coin!"
dit le canard.

"Ouah ouah!"
dit le chien.

"Miaou!"
dit le chat.

"Quack!"
said the duck.

"Bow-wow!"
said the dog.

"Miaow!"
said the cat.

"Meuh!"
dit la vache,

"Moo!"
said the cow,

et...

and...

"Ouin! Ouin! Ouin!"
dit le bébé.

"Boo-hoo-hoo!"
said the baby.

Qu'est-ce qu'on va faire avec
le bébé ouin ouin?
"Le mettre au lit,"
dit le canard.

What shall we do with
the boo-hoo baby?
"Put him to bed,"
said the duck.

So they put him to bed.

"Miaou!"
dit le chat.

"Miaow!"
said the cat.

Donc, ils l'ont mis au lit.

"Ouah ouah!" dit le chien.

"Coin-coin!" dit le canard.

"Meuh!" dit la vache,

"Bow-wow!" said the dog.

"Quack!" said the duck.

"Moo!" said the cow,

et...

and...

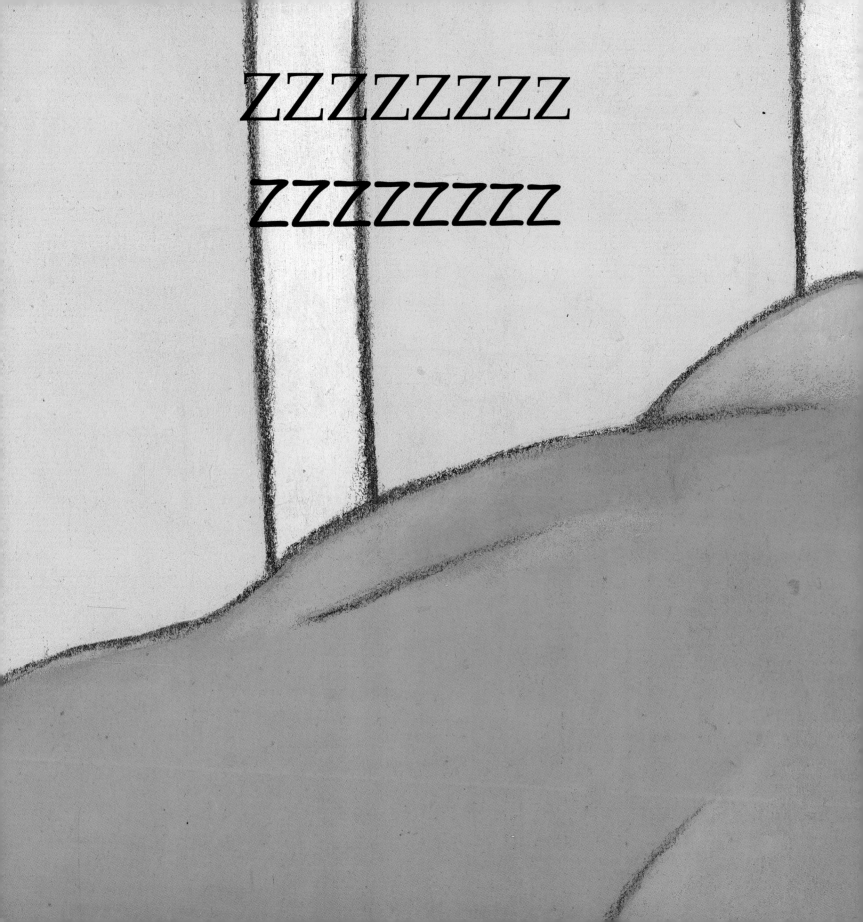

dit le bébé.

said the baby.